Inhalt

Produktionsanlauf (Production Ramp-Up) - Von der Entwicklung zur stabilen Serienproduktion

Kernthesen

Beitrag

Fallbeispiele

Weiterführende Literatur

Impressum

Produktionsanlauf (Production Ramp-Up) - Von der Entwicklung zur stabilen Serienproduktion

I.Zeilhofer-Ficker

Kernthesen

- Dem Produktionsanlauf als wichtige Schnittstelle zwischen Entwicklung und Serienproduktion wird in vielen Unternehmen zu wenig Beachtung geschenkt.
- Ein durchdachtes, integriertes Anlaufmanagement kann sowohl Kosten und Zeit einsparen als auch sicherstellen,

dass das Produkt schneller am Markt verfügbar ist.
- Durch die Sammlung und Auswertung aller verfügbaren Ramp-Up-Daten können für künftige Produktanläufe Prozessmodelle entwickelt werden, die Fehler vermeiden und eine wiederholbare Effizienz garantieren.

Beitrag

Was passiert im Produktionsanlauf (Ramp-Up)

Zwischen dem Entstehen eines neuen Produktes und dessen Vermarktung steht der Produktionsanlauf oder neudeutsch der Ramp-Up. Der Produktionsanlauf kann in vier Phasen unterteilt werden. Ist ein Produkt fertig entwickelt, existiert es auf dem Papier bzw. als Konstruktionsplan. Eine Definition der Materialien und eine Beschreibung der Funktionalitäten im Computer sind ebenfalls vorhanden. Aus diesen Plänen wird ein Prototyp gefertigt. Dieser dient der Validierung des Produktes hinsichtlich gewünschter Funktionalitäten und Eigenschaften. Das Prototyping ist also die erste

Phase des Produktionsanlaufs. Prototypen werden meist unter Laborbedingungen, oft in mühevoller Handarbeit gefertigt und können deshalb für den späteren Fertigungsprozess wenig brauchbare Informationen liefern. [1]

Ebenso wie das Produkt selbst werden heutzutage auch die Fertigungsabläufe meist virtuell am Computer geplant. In Simulationen werden die unterschiedlichen Prozesse und Abläufe durchgespielt, um den optimalen Ablauf und die günstigste Maschinenzuteilung zu finden. Basierend auf diesen Ablaufplanungen wird die Vorserie zur Erprobung der Fertigungsschritte produziert. Selbstverständlich werden auch in dieser Phase alle qualitativen Aspekte überprüft. Die folgende Nullserie ist die erste Produktionsmenge, die unter Serienbedingungen hergestellt wird. Hierbei stehen erstmals auch geplante logistische Aspekte wie die Bereitstellung von Zulieferteilen und Werkzeugen auf dem Prüfstand. [1]

Sind die Ergebnisse der ersten drei Phasen zufrieden stellend, wird mit dem eigentlichen Hochlauf der Produktion begonnen. Häufig sind dabei die Taktzeiten noch länger als im endgültigen Produktionslauf vorgesehen. Den Start des Hochlaufs bezeichnet man auch als Start of Production (SOP). [1], [2]

Ziele und Probleme des Produktionsanlaufs

Eine möglichst kurze Time-to-Market ist heute ein wichtiger Faktor geworden, um im globalen Wettbewerb zu bestehen. Zielsetzung des Produktionsanlaufs ist es deshalb, möglichst schnell und kostengünstig den Punkt zu erreichen, von dem an die Plan-Produktionsmenge stabil gefertigt wird. Dass dabei keine Abstriche an der Qualität tolerierbar sind, versteht sich von selbst. (2)

Andererseits bedeuten neue Produkte ungewohnte Handgriffe für die Mitarbeiter, neue Werkzeuge und Maschineneinstellungen, möglicherweise andersartige Materialien und eventuell komplett unterschiedliche Logistikkonzepte. Dies sind alles mögliche Ursachen für Fehler oder Irritationen. Neue Handgriffe müssen geübt werden, die optimale Maschineneinstellung gefunden, die Abläufe und das Timing von Material- und Werkzeuganlieferungen durchgespielt werden. Noch komplexer wird ein Anlauf, wenn Bauteilegruppen in unterschiedlichen Werken hergestellt und unterschiedliche Standorte koordiniert werden müssen. (2), (4)

In Großunternehmen liegt der Produktionsanlauf deshalb in den Händen von erfahrenen Anlaufmanagern, die sicherstellen, dass alle notwendigen Schritte abgearbeitet werden und genügend geschultes Personal zur Verfügung steht. Bei KMUs dagegen muss der Produktionsanlauf häufig parallel zur normalen Produktion bewerkstelligt werden. Das Personal erledigt die Zusatzaufgabe nebenbei. Das Resultat daraus sind häufig zeitliche Verzögerungen und vermeidbare Qualitätsprobleme. (1), (2)

Erfolgreiches Anlaufmanagement nutzt Daten und Wissen

Jeder Produktionsanlauf unterscheidet sich per Definition von früheren Ramp-Ups. Trotzdem entstehen bei jedem Anlauf eine ganze Reihe von Daten und Informationen, die für ähnliche Produktionsanläufe hilfreich sind. Dieses Erfahrungswissen existiert häufig allerdings nur vage in den Köpfen der Mitarbeiter. Will man zusätzliche Kosten durch Fehler, Qualitätsprobleme oder Nacharbeiten vermeiden, sollten alle relevanten Daten in einer Wissensdatenbank gesammelt werden. Dazu sollten alle Qualitätsparameter während des gesamten Anlaufprozesses akribisch gemessen und überwacht werden. Auftretende Fehler sollten sofort analysiert und dokumentiert sowie die Fehlerquellen ausgeschaltet werden. Moderne Technologien ermöglichen diese Informationssammlung und

Rückführung bereits vollkommen automatisiert. Probleme lassen sich auch vermeiden, wenn die Produktion bereits früh in den Produktentwicklungsprozess eingebunden wird, damit in der Designphase produktionsrelevante Faktoren berücksichtigt werden. (1), (3)

Anhand der gewonnenen Daten und Informationen lassen sich Produktionsanläufe berechnen und in Simulationen virtuell darstellen. Durch die systematische Auswahl der dadurch gefundenen optimalen Methoden und Werkzeuge wird Zeit und Geld gespart und potenzielle Fehlerquellen werden vermieden. Zusätzlich kann es hilfreich sein, die einzelnen Handgriffe in speziellen Montagetrainings mit langsamen Taktzeiten zu üben, damit entsprechende Abläufe beim Serienanlauf bereits Routine geworden sind. (2), (3)

Sind mehrere Standorte involviert, ist es wichtig, dass Kompetenzen klar verteilt sind und die Schnittstellen gemanagt werden. Eventuell notwendige logistische Prozesse zur Zusammenführung der Wertschöpfungsstufen sind zu entwickeln und im Rahmen des Produktionsanlaufs zu testen. (4)

Trends

Der Trend zu immer mehr Varianten und immer

kürzeren Produktlebenszyklen bedingt einen stärkeren Fokus auf den Produktionsanlauf als wichtiges Bindeglied zwischen Entwicklung und Serienproduktion. Die Erkenntnis, dass durch fundierte Planung und akribisches Management Zeit und Kosten gespart werden können, setzt sich immer stärker durch. Unterstützt werden die Unternehmen bei ihren Bemühungen durch wissenschaftliche Arbeiten an Organisationsmodellen und technischen Hilfsmitteln. Die Informationstechnologie hinkt den Erwartungen zwar noch hinterher, arbeitet jedoch mit Hochdruck an entsprechenden Systemen. (1), (2), (3)

Fallbeispiele

Der Automobilkonzern AUDI hat sich für seine Qualitätsfahrzeuge einen Namen gemacht. Die Qualitätssicherung ist bei AUDI schon in die Produktentwicklung eingebunden. Auch den Produktionsanlauf begleiten die Qualitätssicherer durchgängig mit Tests und Messungen. Zur Verbesserung von Anläufen hat AUDI in Ingolstadt kürzlich ein Vorseriencenter eröffnet, in dem mit seriennahen Prozessen und Methoden versucht wird, schon sehr frühzeitig Probleme auszuschalten. Verbesserungen können häufig noch vor dem Bau der Serienwerkzeuge umgesetzt werden. (5), (6)

Der Serienanlauf des neuen BMW X1 wurde im

September 2009 im BMW-Werk in Leipzig gestartet. Anfangs wurden 70 Fahrzeuge pro Tag gefertigt, bis zum Jahresende soll die Produktion auf 300 Autos pro Tag ansteigen. Der Anlauf war sehr erfolgreich - schon am ersten Produktionstag konnte ein Fahrzeug komplett ohne Fehler gefertigt werden. (7)

Das Pro4Plast-Konsortium hat es sich zur Aufgabe gemacht, die Entwicklung von neuen Kunststoffprodukten zu unterstützen. Dazu wurde eine Software entwickelt, die die Stadien des Produktentwicklungsprozesses bis zur Serienproduktion informationstechnisch begleitet und unterstützt. Das PDGS (Product Development Guidance System) bildet die Prozesse der Produktentwicklung ab und führt den Anwender durch die einzelnen Schritte bis hin zur Serienproduktion. Alle Daten und Informationen sind nicht nur dem Projektmanagement zugänglich, sondern stehen beispielsweise auch dem Werkzeugbau oder evtl. dem Auftrag gebenden Kunden zur Verfügung. Alle Daten können auch für künftige Entwicklungen verwendet werden. (8)

Weiterführende Literatur

(1) Ramp-up Failure Rate Einführung einer Qualitätskennzahl für den Produktanlauf aus Zeitschrift für wirtschaftlichen Fabrikbetrieb,

Heft 6/2009, S. 454-458

(2) Lean Ramp-up Ein Organisationsmodell für den effizienten Serienanlauf in KMU
aus Zeitschrift für wirtschaftlichen Fabrikbetrieb, Heft 10/2009, S. 877-883

(3) Zukunftsweisend Fertigen Simulationsbasierte Prozessplanung und -überwachung in der gentelligenten Fertigung
aus Zeitschrift für wirtschaftlichen Fabrikbetrieb, Heft 7-8/2009, S. 593-598

(4) Kompetenzverteilung in globalen Produktionsnetzen Eine methodische Unterstützung zur Funktions- und Kompetenzverteilung in globalen Produktionsnetzwerken
aus Zeitschrift für wirtschaftlichen Fabrikbetrieb, Heft 6/2009, S. 468-472

(5) Hart erarbeitete Perfektion beschert Audi Spitzenposition
aus VDI NR. 29 VOM 17.07.2009 SEITE 7

(6) Exklusiv-Interview mit Michael Dick, Vorstand Technische Entwicklung - Fortschritt nach Masterplan
aus Automobil-Produktion, 9/2009, Sonderausgabe 60 Jahre Audi, S. 24-25

(7) Exklusiv-Interview mit Manfred Erlacher, Leiter Werk Leipzig, BMW Group - Paradox: Stabil und

flexibel
aus Automobil-Produktion, Heft 10/2009, S. 34

(8) Software als Kommunikationsplattform
aus Kunststoffe - Werkstoffe, Verarbeitung, Anwendung, Heft 11/2009, S. 48-51

Impressum

Produktionsanlauf (Production Ramp-Up) - Von der Entwicklung zur stabilen Serienproduktion

Bibliografische Information der deutschen Nationalbibliothek

Die Deutsche Nationalbibliothek verzeichnet diese Publikation in der deutschen Nationalbibliografie; detaillierte bibliografische Daten sind im Internet über http://dnb.d-nb.de abrufbar.

ISBN: 978-3-7379-1102-3

© 2015 GBI-Genios Deutsche Wirtschaftsdatenbank GmbH, Freischützstraße 96, 81927 München, www.genios.de

Alle Rechte vorbehalten. Dieses Werk ist einschließlich aller seiner Teile – z.B. Texte, Tabellen und Grafiken - urheberrechtlich geschützt. Jede Verwertung außerhalb der Grenzen des Urheberrechtsgesetzes bedarf der vorherigen Zustimmung des Verlags. Dies gilt insbesondere auch für auszugsweise Nachdrucke, fotomechanische

Vervielfältigungen (Fotokopie/Mikroskopie), Übersetzungen, Auswertungen durch Datenbanken oder ähnliche Einrichtungen und die Einspeicherung und Verarbeitung in elektronischen Systemen.